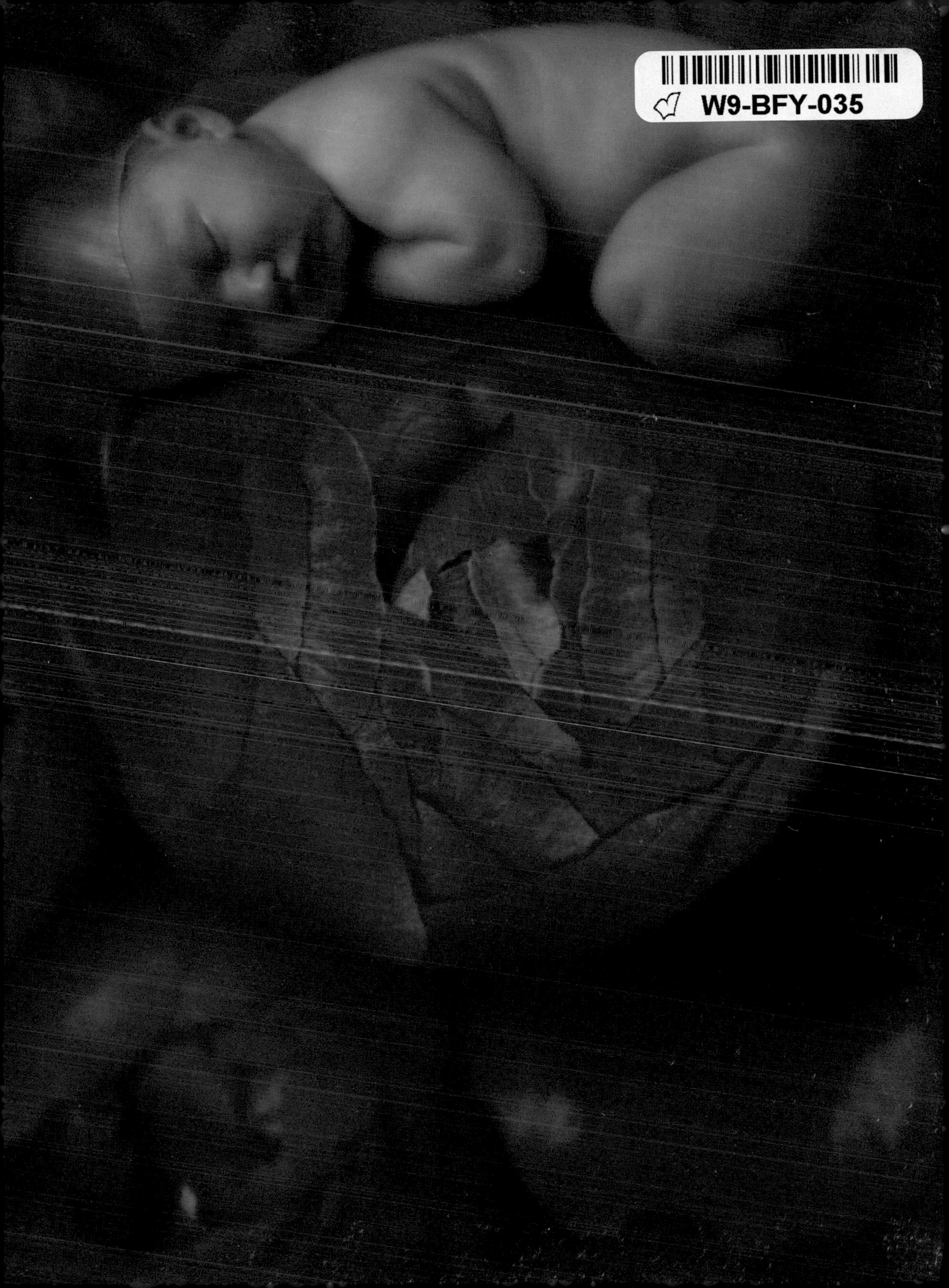

Miracle

datebook 2005

2005

january

s	m	t	w	t	f	s
						1
2	3	4	5	6	7	8
9	10	11	12	13	14	15
16	17	18	19	20	21	22
23	24	25	26	27	28	29
30	31					

february

s	m	t	w	t	f	s
		1	2	3	4	5
6	7	8	9	10	11	12
13	14	15	16	17	18	19
20	21	22	23	24	25	26
27	28					

march

s	m	t	w	t	f	s
		1	2	3	4	5
6	7	8	9	10	11	12
13	14	15	16	17	18	19
20	21	22	23	24	25	26
27	28	29	30	31		

april

s	m	t	w	t	f	s
					1	2
3	4	5	6	7	8	9
10	11	12	13	14	15	16
17	18	19	20	21	22	23
24	25	26	27	28	29	30

may

s	m	t	w	t	f	s
1	2	3	4	5	6	7
8	9	10	11	12	13	14
15	16	17	18	19	20	21
22	23	24	25	26	27	28
29	30	31				

june

s	m	t	w	t	f	s
			1	2	3	4
5	6	7	8	9	10	11
12	13	14	15	16	17	18
19	20	21	22	23	24	25
26	27	28	29	30		

july

s	m	t	w	t	f	s
					1	2
3	4	5	6	7	8	9
10	11	12	13	14	15	16
17	18	19	20	21	22	23
24	25	26	27	28	29	30
31						

august

s	m	t	w	t	f	s
	1	2	3	4	5	6
7	8	9	10	11	12	13
14	15	16	17	18	19	20
21	22	23	24	25	26	27
28	29	30	31			

september

s	m	t	w	t	f	s
				1	2	3
4	5	6	7	8	9	10
11	12	13	14	15	16	17
18	19	20	21	22	23	24
25	26	27	28	29	30	

october

s	m	t	w	t	f	s
						1
2	3	4	5	6	7	8
9	10	11	12	13	14	15
16	17	18	19	20	21	22
23	24	25	26	27	28	29
30	31					

november

s	m	t	w	t	f	s
		1	2	3	4	5
6	7	8	9	10	11	12
13	14	15	16	17	18	19
20	21	22	23	24	25	26
27	28	29	30			

december

s	m	t	w	t	f	s
				1	2	3
4	5	6	7	8	9	10
11	12	13	14	15	16	17
18	19	20	21	22	23	24
25	26	27	28	29	30	31

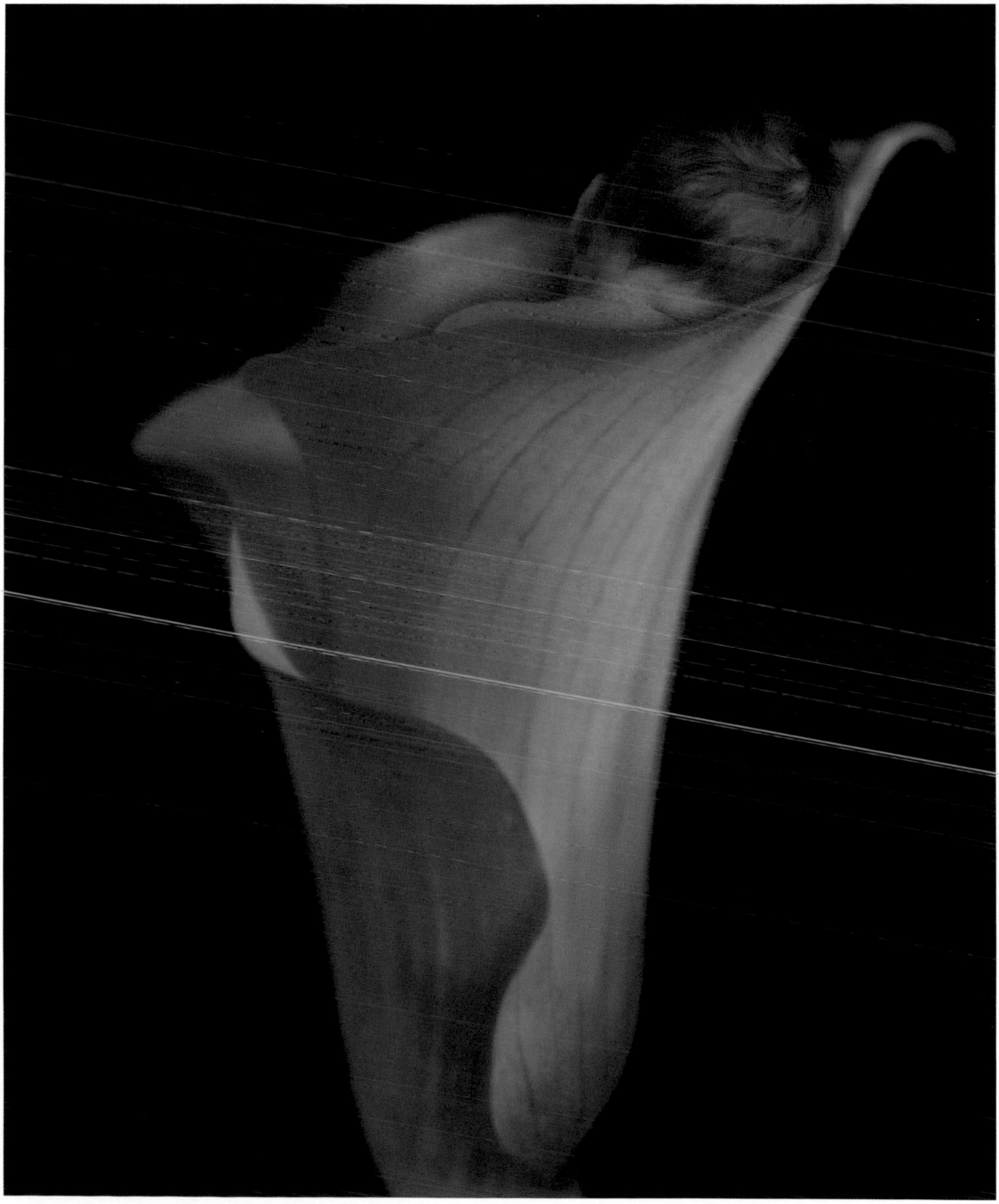

december - january

26 sunday
Kwanzaa begins
Boxing Day (Canada)

27 monday

28 tuesday

29 wednesday

30 thursday

31 friday

1 saturday
New Year's Day
Kwanzaa ends

january

s	m	t	w	t	f	s
						1
2	3	4	5	6	7	8
9	10	11	12	13	14	15
16	17	18	19	20	21	22
23	24	25	26	27	28	29
30	31					

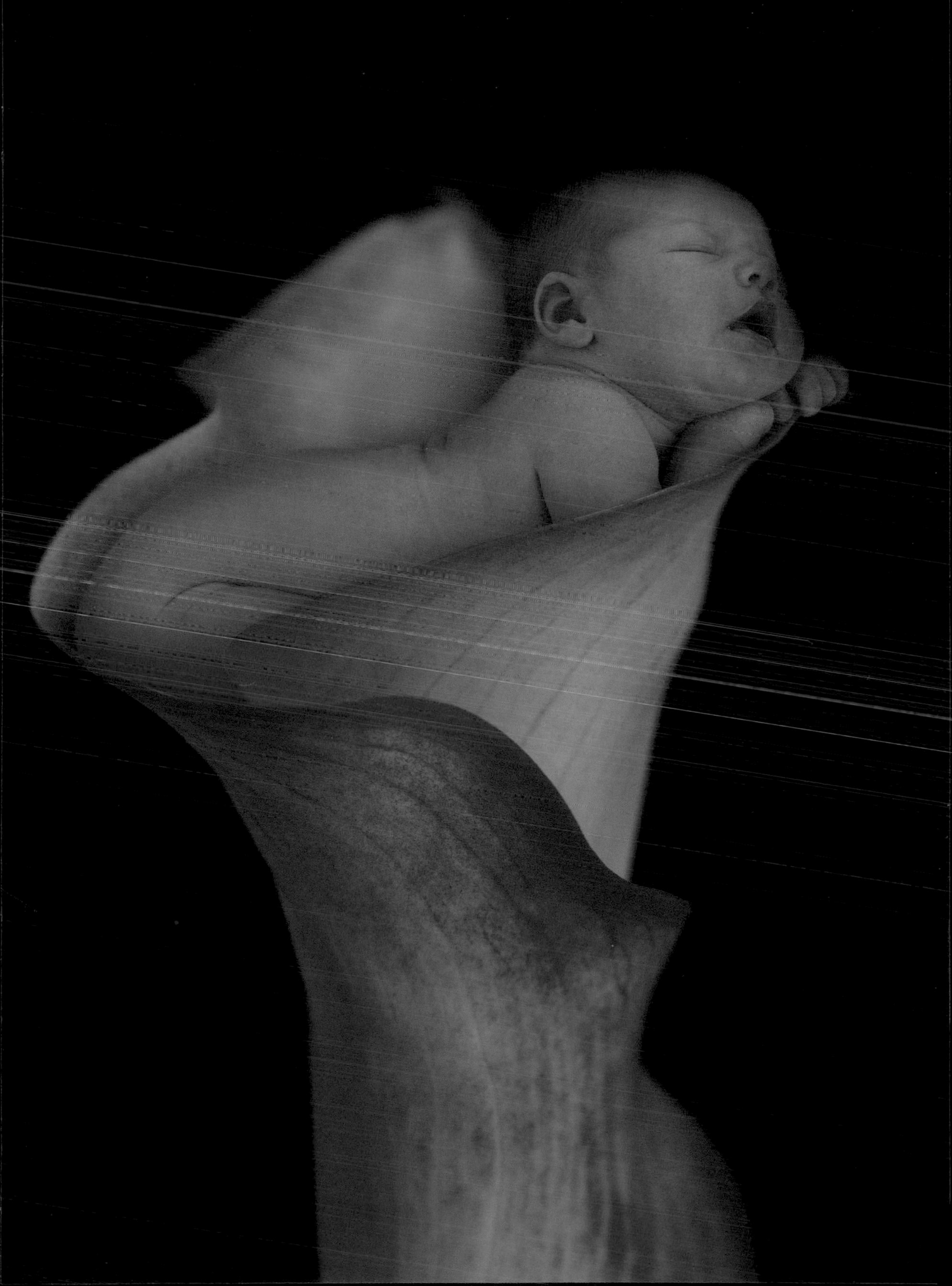

january

2 sunday

3 monday

4 tuesday

5 wednesday

6 thursday

7 friday

8 saturday

january

s	m	t	w	t	f	s
						1
2	3	4	5	6	7	8
9	10	11	12	13	14	15
16	17	18	19	20	21	22
23	24	25	26	27	28	29
30	31					

sunday 9

monday 10

tuesday 11

wednesday 12

thursday 13

friday 14

january

s	m	t	w	t	f	s
						1
2	3	4	5	6	7	8
9	10	11	12	13	14	15
16	17	18	19	20	21	22
23	24	25	26	27	28	29
30	31					

saturday 15

january

16 sunday

17 monday

Martin Luther King Jr.'s Birthday (observed)

18 tuesday

19 wednesday

20 thursday

21 friday

22 saturday

january

s	m	t	w	t	f	s
						1
2	3	4	5	6	7	8
9	10	11	12	13	14	15
16	17	18	19	20	21	22
23	24	25	26	27	28	29
30	31					

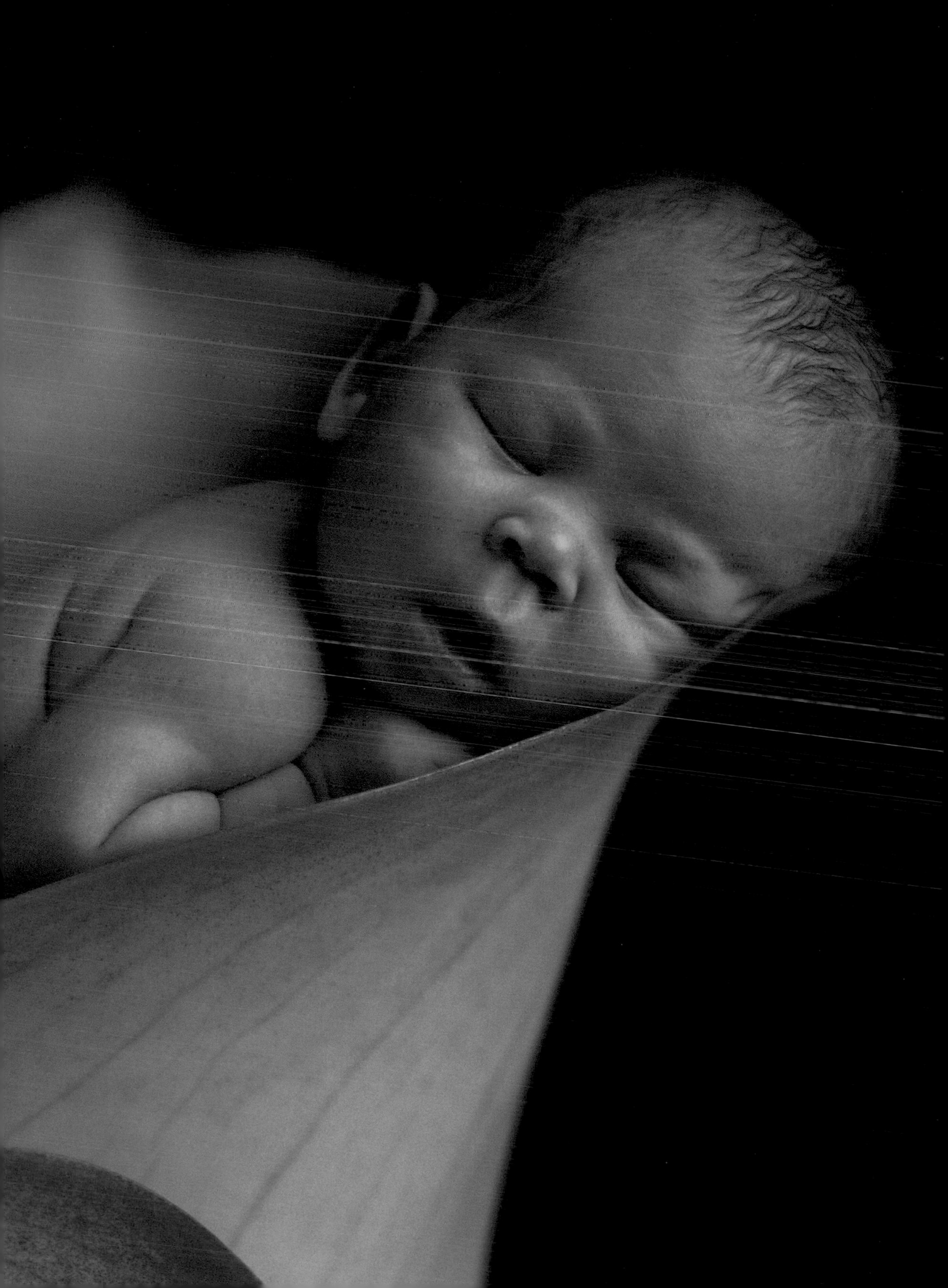

january

23 sunday

24 monday

25 tuesday

26 wednesday

27 thursday

28 friday

29 saturday

january

s	m	t	w	t	f	s
						1
2	3	4	5	6	7	8
9	10	11	12	13	14	15
16	17	18	19	20	21	22
23	24	25	26	27	28	29
30	31					

january - february

sunday 30

monday 31

tuesday 1

wednesday 2

thursday 3

friday 4

saturday 5

february

s	m	t	w	t	f	s
		1	2	3	4	5
6	7	8	9	10	11	12
13	14	15	16	17	18	19
20	21	22	23	24	25	26
27	28					

(following page) DARION, 5 DAYS

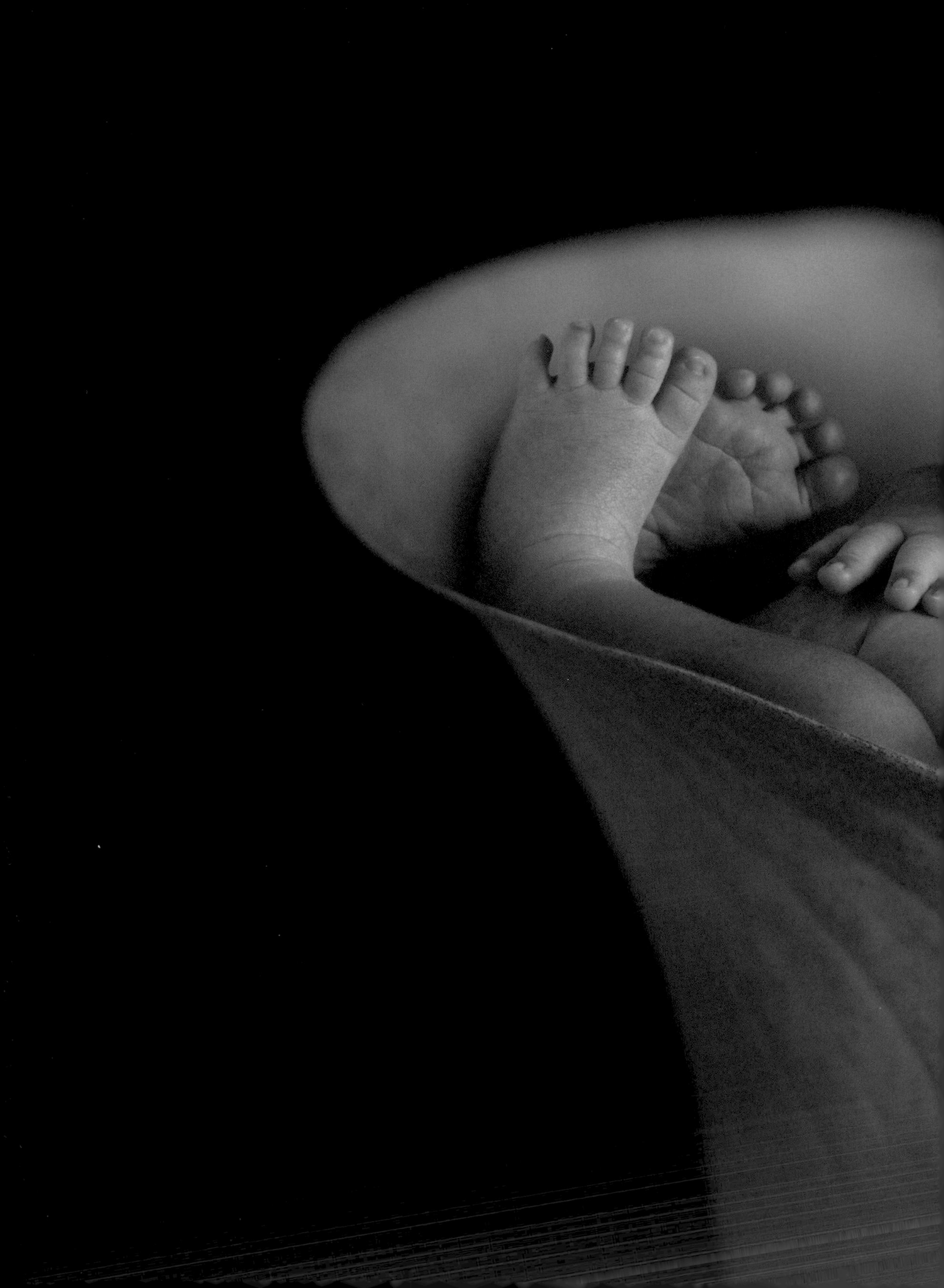

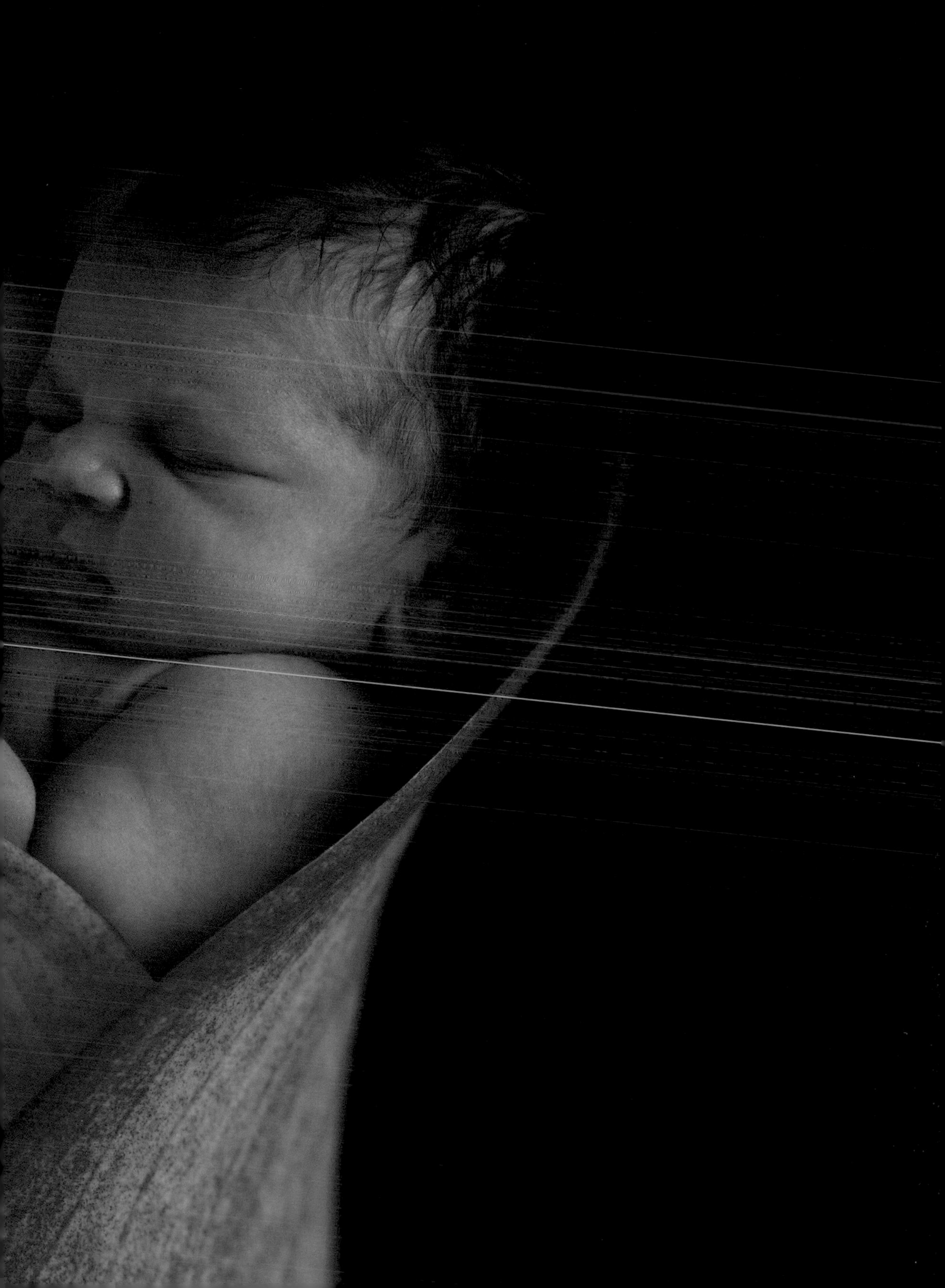

february

6 sunday

7 monday

8 tuesday

9 wednesday
Ash Wednesday

10 thursday

11 friday

12 saturday

february

s	m	t	w	t	f	s
		1	2	3	4	5
6	7	8	9	10	11	12
13	14	15	16	17	18	19
20	21	22	23	24	25	26
27	28					

february

13 sunday

14 monday
Valentine's Day

15 tuesday

16 wednesday

17 thursday

18 friday

19 saturday

february

s	m	t	w	t	f	s
		1	2	3	4	5
6	7	8	9	10	11	12
13	14	15	16	17	18	19
20	21	22	23	24	25	26
27	28					

sunday **20**

monday 21
Presidents' Day

tuesday 22

wednesday 23

thursday 24

friday 25

february

s	m	t	w	t	f	s
		1	2	3	4	5
6	7	8	9	10	11	12
13	14	15	16	17	18	19
20	21	22	23	24	25	26
27	28					

saturday **26**

february - march

27 sunday

28 monday

1 tuesday

2 wednesday

3 thursday

4 friday

5 saturday

march

s	m	t	w	t	f	s
		1	2	3	4	5
6	7	8	9	10	11	12
13	14	15	16	17	18	19
20	21	22	23	24	25	26
27	28	29	30	31		

march

6 sunday

7 monday

8 tuesday

9 wednesday

10 thursday

11 friday

12 saturday

march

s	m	t	w	t	f	s
		1	2	3	4	5
6	7	8	9	10	11	12
13	14	15	16	17	18	19
20	21	22	23	24	25	26
27	28	29	30	31		

sunday 13

monday 14
Commonwealth Day (Canada)

tuesday 15

wednesday 16

thursday 17
St. Patrick's Day

friday 18

saturday 19

march

s	m	t	w	t	f	s
		1	2	3	4	5
6	7	8	9	10	11	12
13	14	15	16	17	18	19
20	21	22	23	24	25	26
27	28	29	30	31		

march

20 sunday
Palm Sunday

21 monday

22 tuesday

23 wednesday

24 thursday

25 friday
Purim
Good Friday (Western)

26 saturday

march

s	m	t	w	t	f	s
		1	2	3	4	5
6	7	8	9	10	11	12
13	14	15	16	17	18	19
20	21	22	23	24	25	26
27	28	29	30	31		

CELINE HOLDING WINTER, 22 DAYS

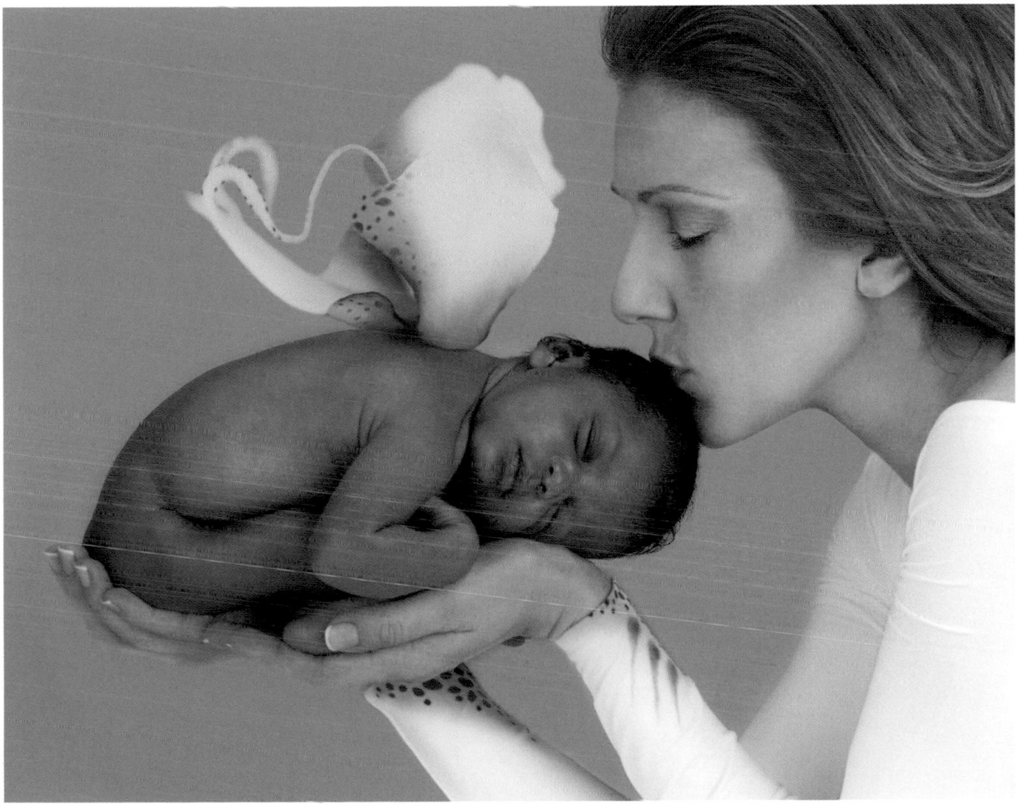

march - april

27 sunday
Easter (Western)

28 monday
Easter Monday (Canada)

29 tuesday

30 wednesday

31 thursday

1 friday

2 saturday

march

s	m	t	w	t	f	s
		1	2	3	4	5
6	7	8	9	10	11	12
13	14	15	16	17	18	19
20	21	22	23	24	25	26
27	28	29	30	31		

sunday 3

monday 4

tuesday 5

wednesday 6

thursday 7

friday 8

april

s	m	t	w	t	f	s
					1	2
3	4	5	6	7	8	9
10	11	12	13	14	15	16
17	18	19	20	21	22	23
24	25	26	27	28	29	30

saturday 9

april

10 sunday

11 monday

12 tuesday

13 wednesday

14 thursday

15 friday

16 saturday

april

s	m	t	w	t	f	s
					1	2
3	4	5	6	7	8	9
10	11	12	13	14	15	16
17	18	19	20	21	22	23
24	25	26	27	28	29	30

TELAYIAH, 22 DAYS

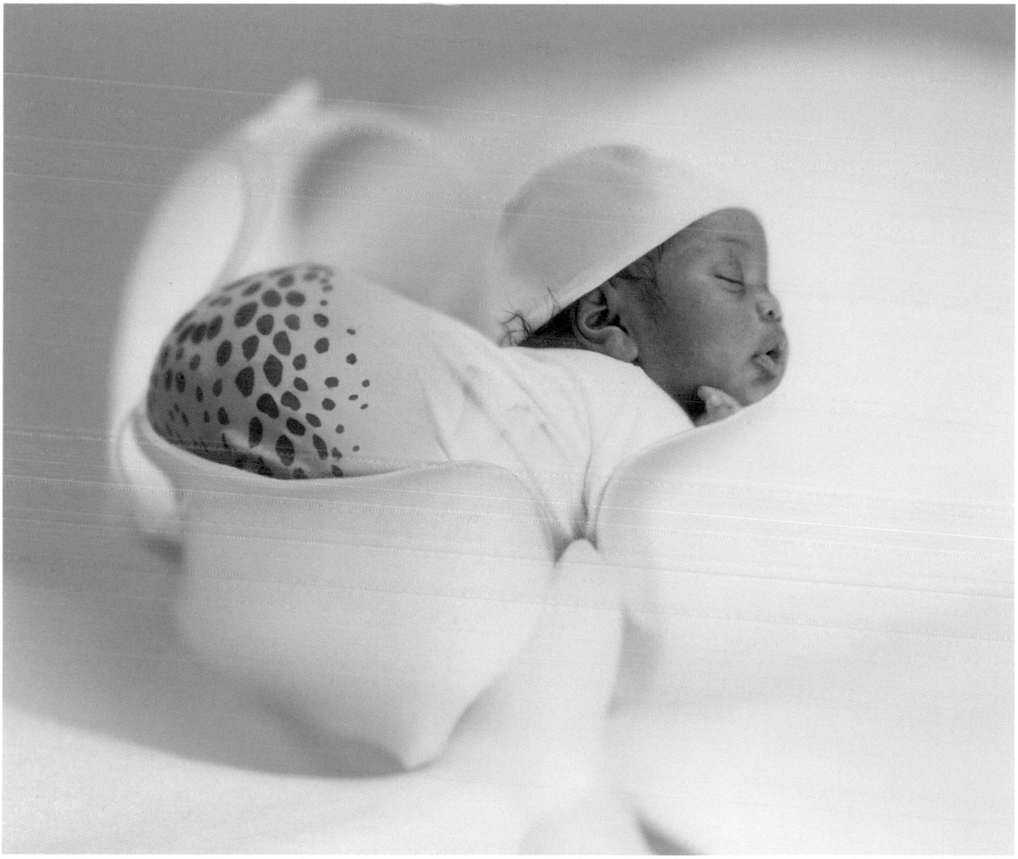

april

17 sunday

18 monday

19 tuesday

20 wednesday

21 thursday

22 friday

23 saturday

april

s	m	t	w	t	f	s
					1	2
3	4	5	6	7	8	9
10	11	12	13	14	15	16
17	18	19	20	21	22	23
24	25	26	27	28	29	30

april

sunday 24
Passover

monday 25

tuesday 26

wednesday 27

thursday 28

friday 29
Holy Friday (Orthodox)

saturday 30

april

s	m	t	w	t	f	s
					1	2
3	4	5	6	7	8	9
10	11	12	13	14	15	16
17	18	19	20	21	22	23
24	25	26	27	28	29	30

(following page) CELINE WITH CADEN, 6 DAYS & GILLIAN, 6 DAYS

may

1 sunday
Easter (Orthodox)

2 monday

3 tuesday

4 wednesday

5 thursday

6 friday

7 saturday

may

s	m	t	w	t	f	s
1	2	3	4	5	6	7
8	9	10	11	12	13	14
15	16	17	18	19	20	21
22	23	24	25	26	27	28
29	30	31				

CELINE HOLDING CADEN, 6 DAYS

may

8 sunday

Mother's Day

9 monday

10 tuesday

11 wednesday

12 thursday

13 friday

14 saturday

may

s	m	t	w	t	f	s
1	2	3	4	5	6	7
8	9	10	11	12	13	14
15	16	17	18	19	20	21
22	23	24	25	26	27	28
29	30	31				

may

sunday 15

monday 16

tuesday 17

wednesday 18

thursday 19

friday 20

			may			
s	m	t	w	t	f	s
1	2	3	4	5	6	7
8	9	10	11	12	13	14
15	16	17	18	19	20	21
22	23	24	25	26	27	28
29	30	31				

saturday 21

Armed Forces Day

may

22 sunday

23 monday
Victoria Day (Canada)

24 tuesday

25 wednesday

26 thursday

27 friday

28 saturday

may

s	m	t	w	t	f	s
1	2	3	4	5	6	7
8	9	10	11	12	13	14
15	16	17	18	19	20	21
22	23	24	25	26	27	28
29	30	31				

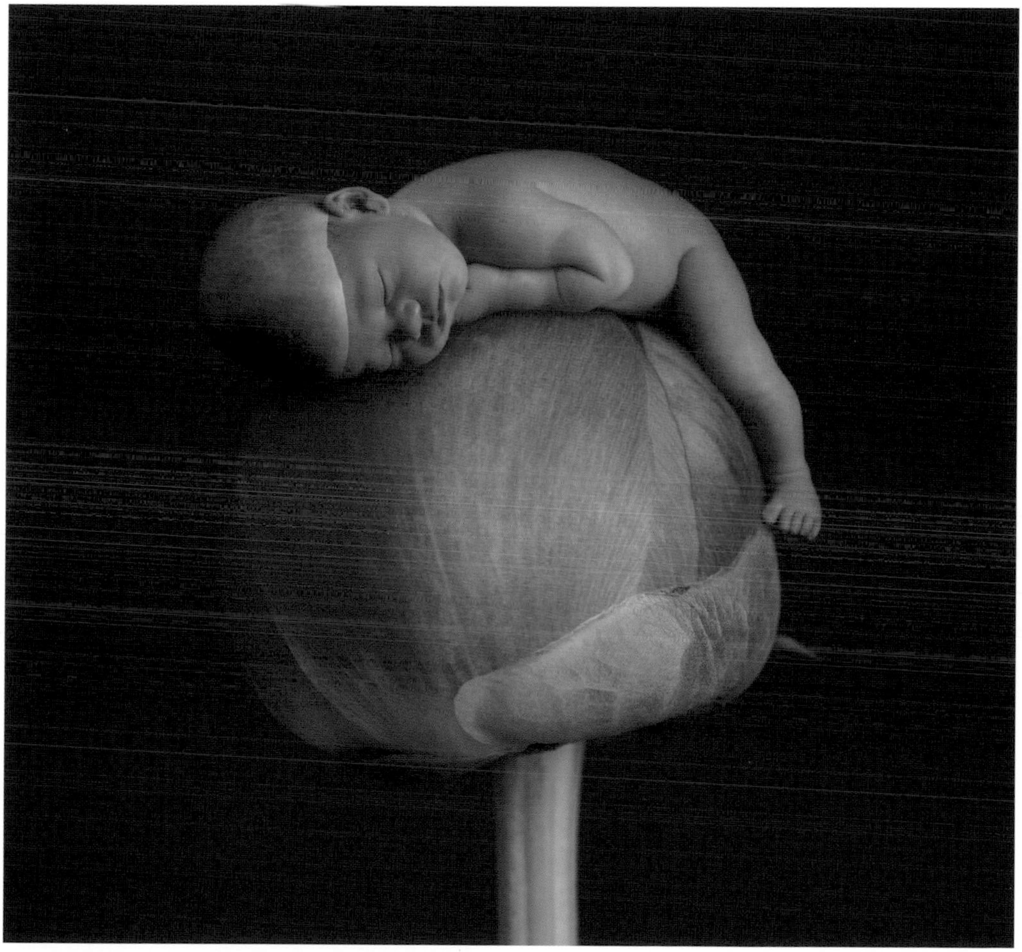

may - june

29 sunday

30 monday
Memorial Day

31 tuesday

1 wednesday

2 thursday

3 friday

4 saturday

may

s	m	t	w	t	f	s
1	2	3	4	5	6	7
8	9	10	11	12	13	14
15	16	17	18	19	20	21
22	23	24	25	26	27	28
29	30	31				

june

sunday 5

monday 6

tuesday 7

wednesday 8

thursday 9

friday 10

saturday 11

june

s	m	t	w	t	f	s
			1	2	3	4
5	6	7	8	9	10	11
12	13	14	15	16	17	18
19	20	21	22	23	24	25
26	27	28	29	30		

june

12 sunday

13 monday

14 tuesday

Flag Day

15 wednesday

16 thursday

17 friday

18 saturday

june

s	m	t	w	t	f	s
			1	2	3	4
5	6	7	8	9	10	11
12	13	14	15	16	17	18
19	20	21	22	23	24	25
26	27	28	29	30		

june

19 sunday
Father's Day

20 monday

21 tuesday

22 wednesday

23 thursday

24 friday
St. Jean-Baptiste Day (Canada)

25 saturday

june

s	m	t	w	t	f	s
			1	2	3	4
5	6	7	8	9	10	11
12	13	14	15	16	17	18
19	20	21	22	23	24	25
26	27	28	29	30		

june - july

sunday 26

monday 27

tuesday 28

wednesday 29

thursday 30

friday 1
Canada Day

july

s	m	t	w	t	f	s
					1	2
3	4	5	6	7	8	9
10	11	12	13	14	15	16
17	18	19	20	21	22	23
24	25	26	27	28	29	30
31						

saturday 2

july

3 sunday

4 monday
Independence Day

5 tuesday

6 wednesday

7 thursday

8 friday

9 saturday

july

s	m	t	w	t	f	s
					1	2
3	4	5	6	7	8	9
10	11	12	13	14	15	16
17	18	19	20	21	22	23
24	25	26	27	28	29	30
31						

GERALD, 15 DAYS

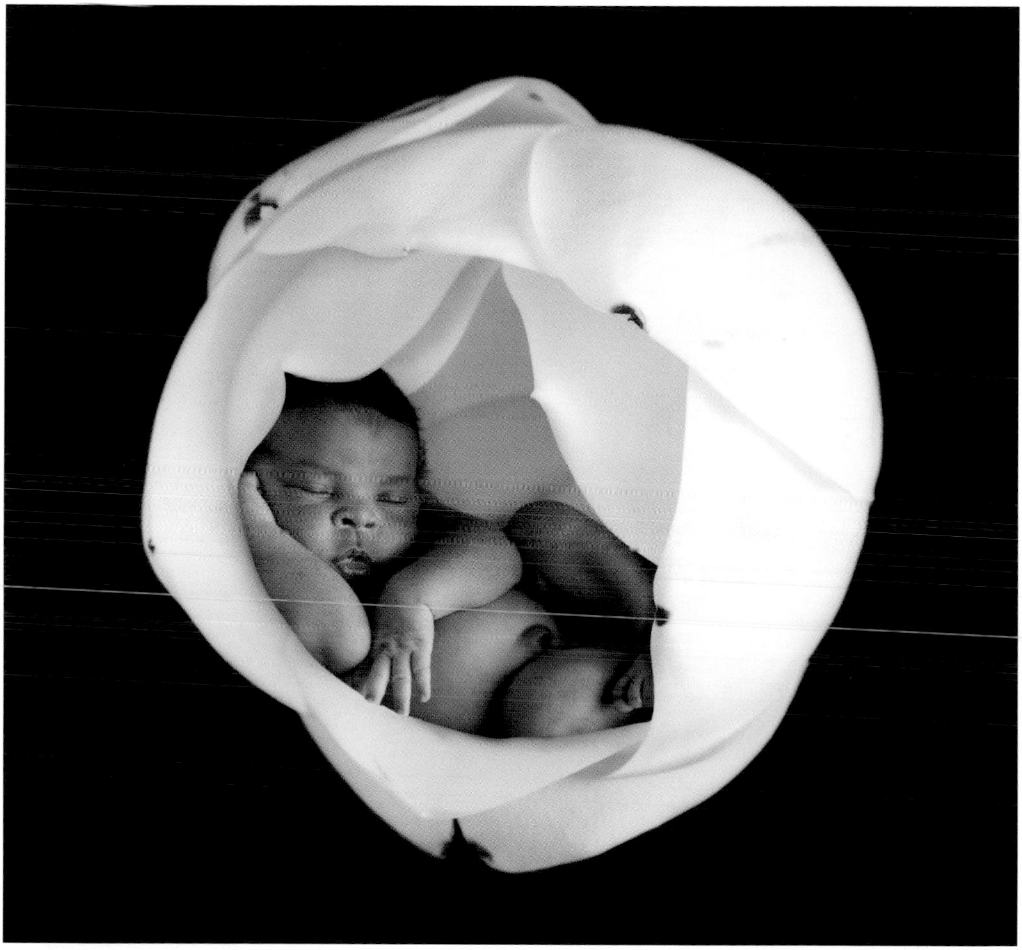

july

10 sunday

11 monday

12 tuesday

13 wednesday

14 thursday

15 friday

16 saturday

july

s	m	t	w	t	f	s
					1	2
3	4	5	6	7	8	9
10	11	12	13	14	15	16
17	18	19	20	21	22	23
24	25	26	27	28	29	30
31						

sunday 17

monday 18

tuesday 19

wednesday 20

thursday 21

friday 22

saturday 23

july

s	m	t	w	t	f	s
					1	2
3	4	5	6	7	8	9
10	11	12	13	14	15	16
17	18	19	20	21	22	23
24	25	26	27	28	29	30
31						

(following page) SIAN, 14 DAYS

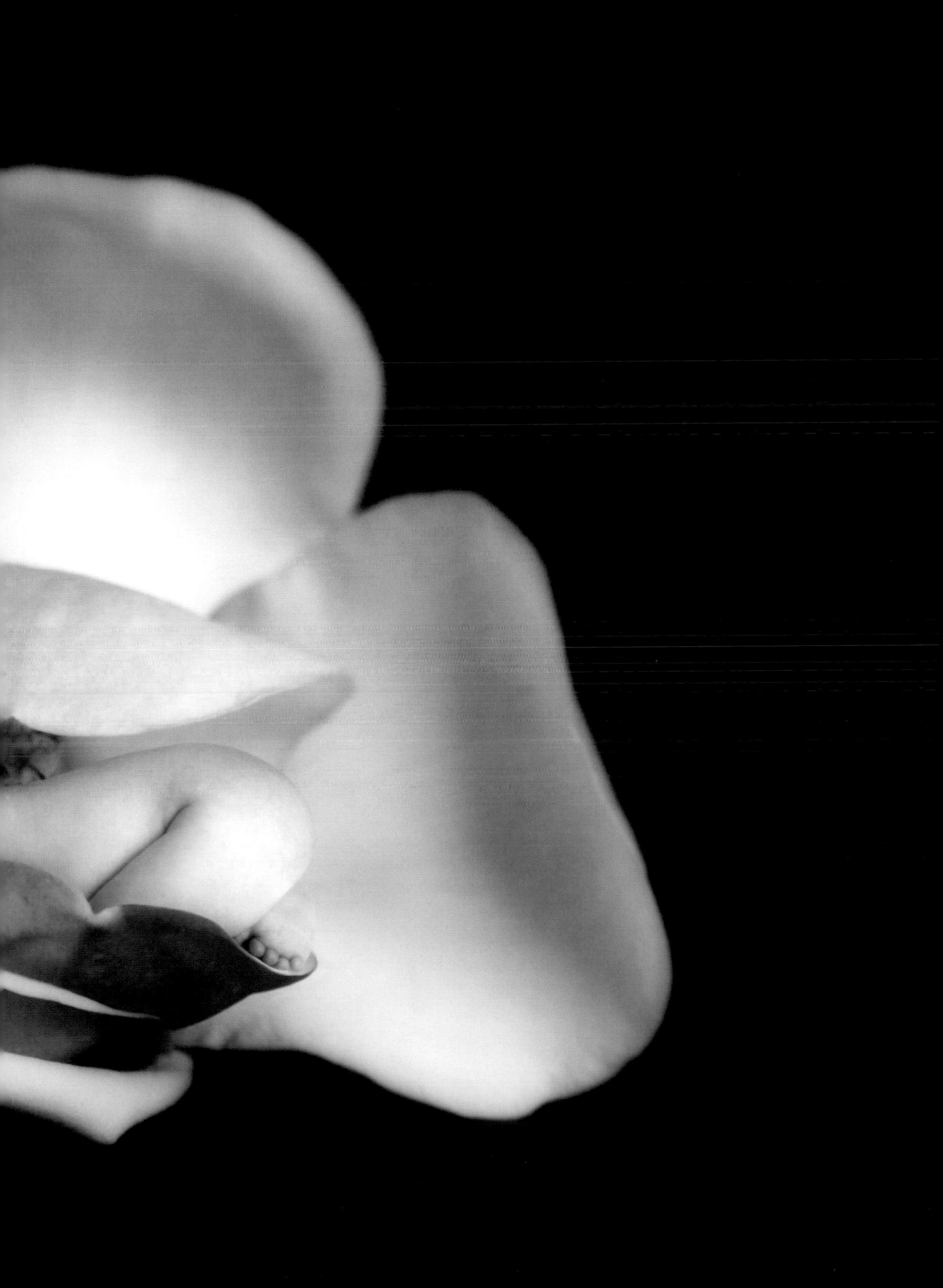

july

24 sunday

25 monday

26 tuesday

27 wednesday

28 thursday

29 friday

30 saturday

july

s	m	t	w	t	f	s
					1	2
3	4	5	6	7	8	9
10	11	12	13	14	15	16
17	18	19	20	21	22	23
24	25	26	27	28	29	30
31						

CELINE HOLDING JOURDON, 8 DAYS

july - august

31 sunday

1 monday

2 tuesday

3 wednesday

4 thursday

5 friday

6 saturday

july

s	m	t	w	t	f	s
					1	2
3	4	5	6	7	8	9
10	11	12	13	14	15	16
17	18	19	20	21	22	23
24	25	26	27	28	29	30
31						

august

sunday 7

monday 8

tuesday 9

wednesday 10

thursday 11

friday 12

saturday 13

august

s	m	t	w	t	f	s
	1	2	3	4	5	6
7	8	9	10	11	12	13
14	15	16	17	18	19	20
21	22	23	24	25	26	27
28	29	30	31			

august

14 sunday

15 monday

16 tuesday

17 wednesday

18 thursday

19 friday

20 saturday

august

s	m	t	w	t	f	s
	1	2	3	4	5	6
7	8	9	10	11	12	13
14	15	16	17	18	19	20
21	22	23	24	25	26	27
28	29	30	31			

august

21 sunday

22 monday

23 tuesday

24 wednesday

25 thursday

26 friday

27 saturday

august

s	m	t	w	t	f	s
	1	2	3	4	5	6
7	8	9	10	11	12	13
14	15	16	17	18	19	20
21	22	23	24	25	26	27
28	29	30	31			

august - september

sunday 28

monday 29

tuesday 30

wednesday 31

thursday 1

friday 2

saturday 3

september

s	m	t	w	t	f	s
				1	2	3
4	5	6	7	8	9	10
11	12	13	14	15	16	17
18	19	20	21	22	23	24
25	26	27	28	29	30	

september

4 sunday

5 monday
Labor Day

6 tuesday

7 wednesday

8 thursday

9 friday

10 saturday

september

s	m	t	w	t	f	s
				1	2	3
4	5	6	7	8	9	10
11	12	13	14	15	16	17
18	19	20	21	22	23	24
25	26	27	28	29	30	

september

11 sunday

12 monday

13 tuesday

14 wednesday

15 thursday

16 friday

17 saturday

september

s	m	t	w	t	f	s
				1	2	3
4	5	6	7	8	9	10
11	12	13	14	15	16	17
18	19	20	21	22	23	24
25	26	27	28	29	30	

sunday 18

monday 19

tuesday 20

wednesday 21

thursday 22

friday 23

saturday 24

september

s	m	t	w	t	f	s
				1	2	3
4	5	6	7	8	9	10
11	12	13	14	15	16	17
18	19	20	21	22	23	24
25	26	27	28	29	30	

(following page) LAURA, 20 DAYS

september - october

25 sunday

26 monday

27 tuesday

28 wednesday

29 thursday

30 friday

1 saturday

october

s	m	t	w	t	f	s
						1
2	3	4	5	6	7	8
9	10	11	12	13	14	15
16	17	18	19	20	21	22
23	24	25	26	27	28	29
30	31					

CELINE HOLDING MACKENZIE, 17 DAYS

october

2 sunday

3 monday

4 tuesday

Rosh Hashanah

5 wednesday

6 thursday

7 friday

8 saturday

october

s	m	t	w	t	f	s
						1
2	3	4	5	6	7	8
9	10	11	12	13	14	15
16	17	18	19	20	21	22
23	24	25	26	27	28	29
30	31					

october

sunday 9

monday 10
Columbus Day
Thanksgiving (Canada)

tuesday 11

wednesday 12

thursday 13
Yom Kippur

friday 14

saturday 15

october

s	m	t	w	t	f	s
						1
2	3	4	5	6	7	8
9	10	11	12	13	14	15
16	17	18	19	20	21	22
23	24	25	26	27	28	29
30	31					

october

16 sunday

17 monday

18 tuesday

19 wednesday

20 thursday

21 friday

22 saturday

october

s	m	t	w	t	f	s
						1
2	3	4	5	6	7	8
9	10	11	12	13	14	15
16	17	18	19	20	21	22
23	24	25	26	27	28	29
30	31					

CHRISTABEL, 16 DAYS

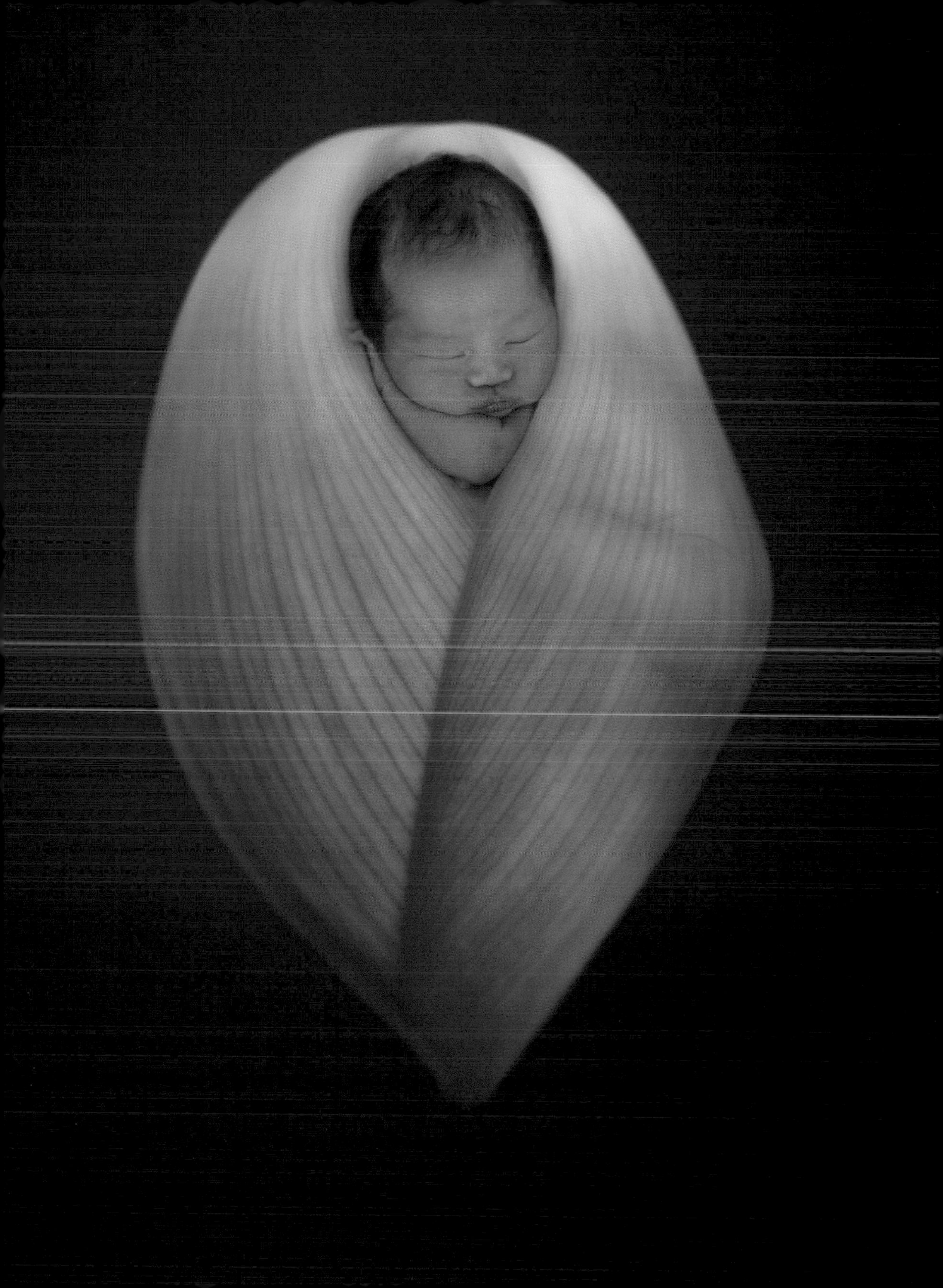

october

23 sunday

24 monday

25 tuesday

26 wednesday

27 thursday

28 friday

29 saturday

october

s	m	t	w	t	f	s
						1
2	3	4	5	6	7	8
9	10	11	12	13	14	15
16	17	18	19	20	21	22
23	24	25	26	27	28	29
30	31					

october - november

sunday 30

monday 31
Halloween

tuesday 1

wednesday 2

thursday 3

friday 4

saturday 5

november

s	m	t	w	t	f	s
		1	2	3	4	5
6	7	8	9	10	11	12
13	14	15	16	17	18	19
20	21	22	23	24	25	26
27	28	29	30			

november

6 sunday

7 monday

8 tuesday

Election Day

9 wednesday

10 thursday

11 friday

Veterans' Day
Remembrance Day (Canada)

12 saturday

november

s	m	t	w	t	f	s
		1	2	3	4	5
6	7	8	9	10	11	12
13	14	15	16	17	18	19
20	21	22	23	24	25	26
27	28	29	30			

CELINE WITH ABIGAIL, 11 DAYS

november

13 sunday

14 monday

15 tuesday

16 wednesday

17 thursday

18 friday

19 saturday

november

s	m	t	w	t	f	s
		1	2	3	4	5
6	7	8	9	10	11	12
13	14	15	16	17	18	19
20	21	22	23	24	25	26
27	28	29	30			

november

sunday 20

monday 21

tuesday 22

wednesday 23

thursday 24

Thanksgiving

friday 25

saturday 26

november

s	m	t	w	t	f	s
		1	2	3	4	5
6	7	8	9	10	11	12
13	14	15	16	17	18	19
20	21	22	23	24	25	26
27	28	29	30			

(following page) JERSEY, 9 DAYS

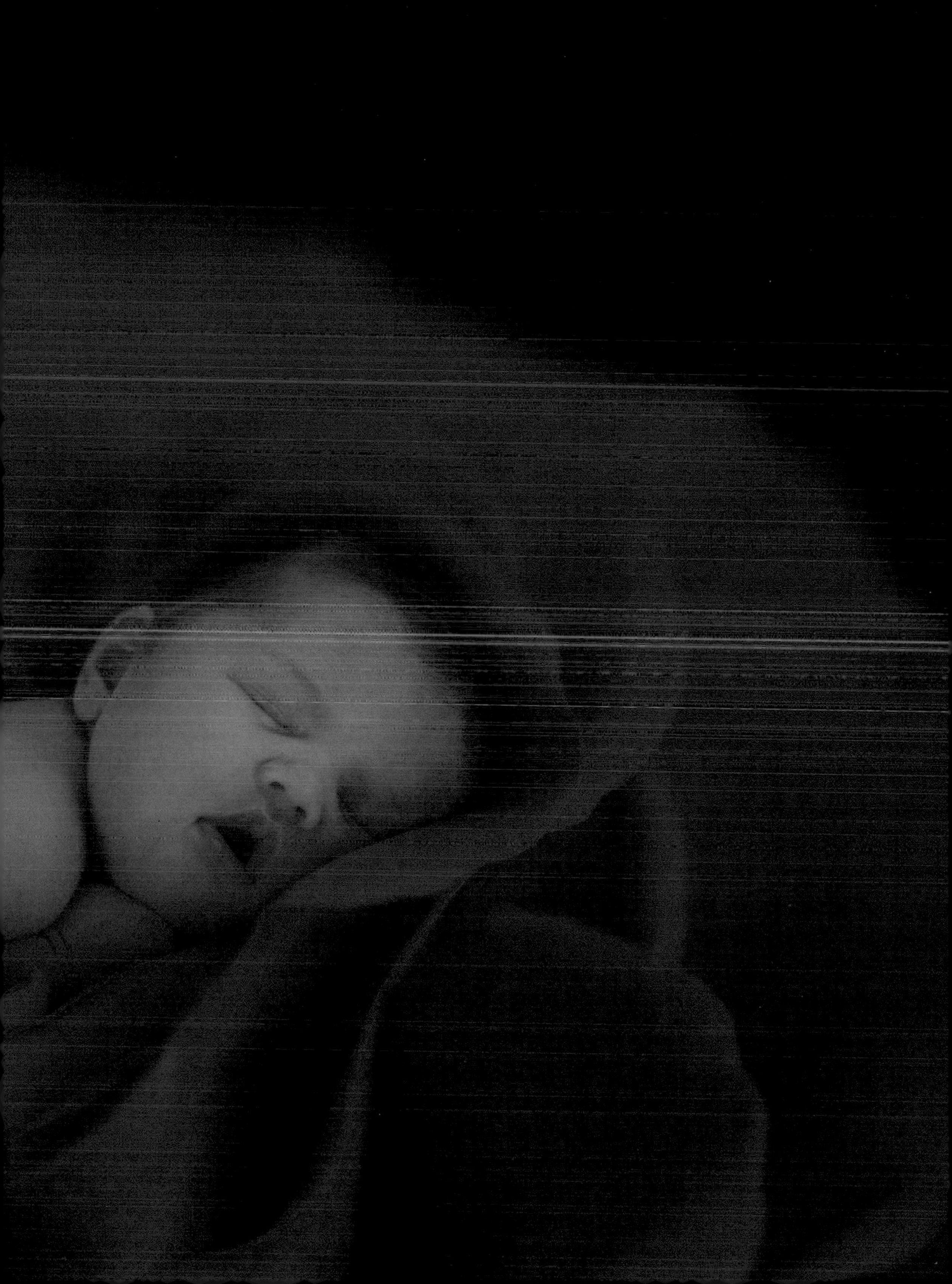

november - december

27 sunday

28 monday

29 tuesday

30 wednesday

1 thursday

2 friday

3 saturday

december

s	m	t	w	t	f	s
				1	2	3
4	5	6	7	8	9	10
11	12	13	14	15	16	17
18	19	20	21	22	23	24
25	26	27	28	29	30	31

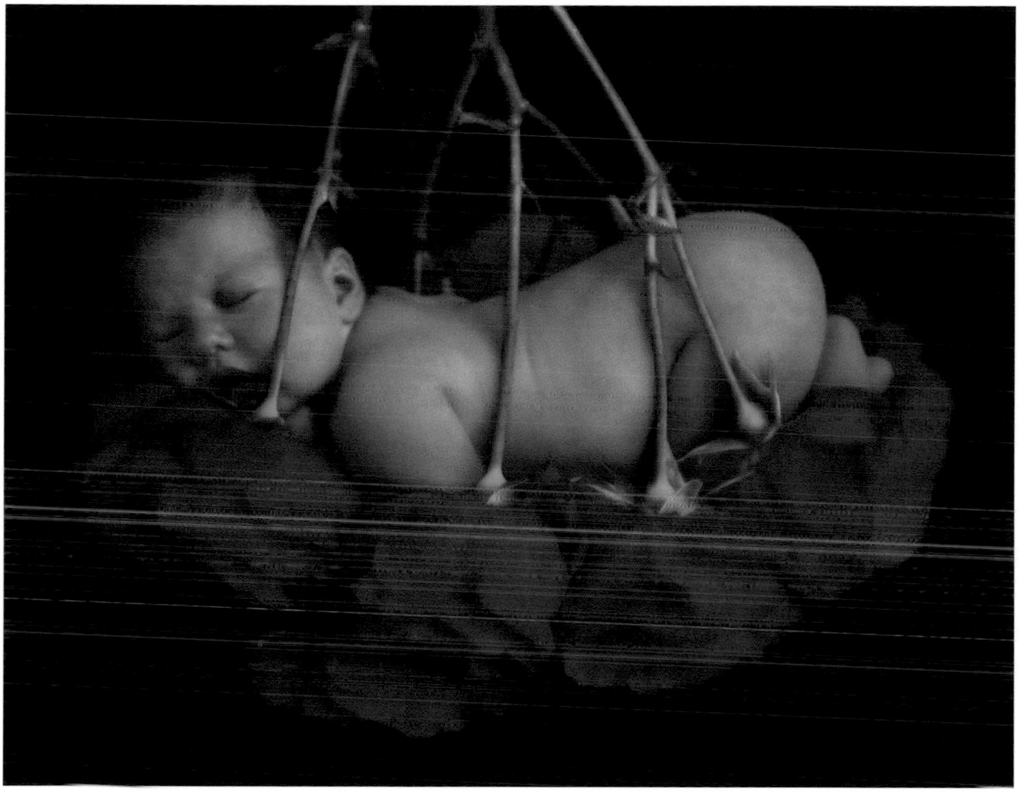

december

4 sunday

5 monday

6 tuesday

7 wednesday

8 thursday

9 friday

10 saturday

december

s	m	t	w	t	f	s
				1	2	3
4	5	6	7	8	9	10
11	12	13	14	15	16	17
18	19	20	21	22	23	24
25	26	27	28	29	30	31

december

sunday 11

monday 12

tuesday 13

wednesday 14

thursday 15

friday 16

saturday 17

december

s	m	t	w	t	f	s
				1	2	3
4	5	6	7	8	9	10
11	12	13	14	15	16	17
18	19	20	21	22	23	24
25	26	27	28	29	30	31

december

18 sunday

19 monday

20 tuesday

21 wednesday

22 thursday

23 friday

24 saturday

december

s	m	t	w	t	f	s
				1	2	3
4	5	6	7	8	9	10
11	12	13	14	15	16	17
18	19	20	21	22	23	24
25	26	27	28	29	30	31

TEGAN, 13 DAYS

december

25 sunday
Christmas

26 monday
Hanukkah
Kwanzaa begins
Boxing Day (Canada)

27 tuesday

28 wednesday

29 thursday

30 friday

31 saturday

december

s	m	t	w	t	f	s
				1	2	3
4	5	6	7	8	9	10
11	12	13	14	15	16	17
18	19	20	21	22	23	24
25	26	27	28	29	30	31

2006

january

s	m	t	w	t	f	s
1	2	3	4	5	6	7
8	9	10	11	12	13	14
15	16	17	18	19	20	21
22	23	24	25	26	27	28
29	30	31				

february

s	m	t	w	t	f	s
			1	2	3	4
5	6	7	8	9	10	11
12	13	14	15	16	17	18
19	20	21	22	23	24	25
26	27	28				

march

s	m	t	w	t	f	s
			1	2	3	4
5	6	7	8	9	10	11
12	13	14	15	16	17	18
19	20	21	22	23	24	25
26	27	28	29	30	31	

april

s	m	t	w	t	f	s
						1
2	3	4	5	6	7	8
9	10	11	12	13	14	15
16	17	18	19	20	21	22
23	24	25	26	27	28	29
30						

may

s	m	t	w	t	f	s
	1	2	3	4	5	6
7	8	9	10	11	12	13
14	15	16	17	18	19	20
21	22	23	24	25	26	27
28	29	30	31			

june

s	m	t	w	t	f	s
				1	2	3
4	5	6	7	8	9	10
11	12	13	14	15	16	17
18	19	20	21	22	23	24
25	26	27	28	29	30	

july

s	m	t	w	t	f	s
						1
2	3	4	5	6	7	8
9	10	11	12	13	14	15
16	17	18	19	20	21	22
23	24	25	26	27	28	29
30	31					

august

s	m	t	w	t	f	s
		1	2	3	4	5
6	7	8	9	10	11	12
13	14	15	16	17	18	19
20	21	22	23	24	25	26
27	28	29	30	31		

september

s	m	t	w	t	f	s
					1	2
3	4	5	6	7	8	9
10	11	12	13	14	15	16
17	18	19	20	21	22	23
24	25	26	27	28	29	30

october

s	m	t	w	t	f	s
1	2	3	4	5	6	7
8	9	10	11	12	13	14
15	16	17	18	19	20	21
22	23	24	25	26	27	28
29	30	31				

november

s	m	t	w	t	f	s
			1	2	3	4
5	6	7	8	9	10	11
12	13	14	15	16	17	18
19	20	21	22	23	24	25
26	27	28	29	30		

december

s	m	t	w	t	f	s
					1	2
3	4	5	6	7	8	9
10	11	12	13	14	15	16
17	18	19	20	21	22	23
24	25	26	27	28	29	30
31						

2007

january

s	m	t	w	t	f	s
	1	2	3	4	5	6
7	8	9	10	11	12	13
14	15	16	17	18	19	20
21	22	23	24	25	26	27
28	29	30	31			

february

s	m	t	w	t	f	s
				1	2	3
4	5	6	7	8	9	10
11	12	13	14	15	16	17
18	19	20	21	22	23	24
25	26	27	28			

march

s	m	t	w	t	f	s
				1	2	3
4	5	6	7	8	9	10
11	12	13	14	15	16	17
18	19	20	21	22	23	24
25	26	27	28	29	30	31

april

s	m	t	w	t	f	s
1	2	3	4	5	6	7
8	9	10	11	12	13	14
15	16	17	18	19	20	21
22	23	24	25	26	27	28
29	30					

may

s	m	t	w	t	f	s
		1	2	3	4	5
6	7	8	9	10	11	12
13	14	15	16	17	18	19
20	21	22	23	24	25	26
27	28	29	30	31		

june

s	m	t	w	t	f	s
					1	2
3	4	5	6	7	8	9
10	11	12	13	14	15	16
17	18	19	20	21	22	23
24	25	26	27	28	29	30

july

s	m	t	w	t	f	s
1	2	3	4	5	6	7
8	9	10	11	12	13	14
15	16	17	18	19	20	21
22	23	24	25	26	27	28
29	30	31				

august

s	m	t	w	t	f	s
			1	2	3	4
5	6	7	8	9	10	11
12	13	14	15	16	17	18
19	20	21	22	23	24	25
26	27	28	29	30	31	

september

s	m	t	w	t	f	s
						1
2	3	4	5	6	7	8
9	10	11	12	13	14	15
16	17	18	19	20	21	22
23	24	25	26	27	28	29
30						

october

s	m	t	w	t	f	s
	1	2	3	4	5	6
7	8	9	10	11	12	13
14	15	16	17	18	19	20
21	22	23	24	25	26	27
28	29	30	31			

november

s	m	t	w	t	f	s
				1	2	3
4	5	6	7	8	9	10
11	12	13	14	15	16	17
18	19	20	21	22	23	24
25	26	27	28	29	30	

december

s	m	t	w	t	f	s
						1
2	3	4	5	6	7	8
9	10	11	12	13	14	15
16	17	18	19	20	21	22
23	24	25	26	27	28	29
30	31					

2008

january

s	m	t	w	t	f	s
		1	2	3	4	5
6	7	8	9	10	11	12
13	14	15	16	17	18	19
20	21	22	23	24	25	26
27	28	29	30	31		

february

s	m	t	w	t	f	s
					1	2
3	4	5	6	7	8	9
10	11	12	13	14	15	16
17	18	19	20	21	22	23
24	25	26	27	28	29	

march

s	m	t	w	t	f	s
						1
2	3	4	5	6	7	8
9	10	11	12	13	14	15
16	17	18	19	20	21	22
23	24	25	26	27	28	29
30	31					

april

s	m	t	w	t	f	s
		1	2	3	4	5
6	7	8	9	10	11	12
13	14	15	16	17	18	19
20	21	22	23	24	25	26
27	28	29	30			

may

s	m	t	w	t	f	s
				1	2	3
4	5	6	7	8	9	10
11	12	13	14	15	16	17
18	19	20	21	22	23	24
25	26	27	28	29	30	31

june

s	m	t	w	t	f	s
1	2	3	4	5	6	7
8	9	10	11	12	13	14
15	16	17	18	19	20	21
22	23	24	25	26	27	28
29	30					

july

s	m	t	w	t	f	s
		1	2	3	4	5
6	7	8	9	10	11	12
13	14	15	16	17	18	19
20	21	22	23	24	25	26
27	28	29	30	31		

august

s	m	t	w	t	f	s
					1	2
3	4	5	6	7	8	9
10	11	12	13	14	15	16
17	18	19	20	21	22	23
24	25	26	27	28	29	30
31						

september

s	m	t	w	t	f	s
	1	2	3	4	5	6
7	8	9	10	11	12	13
14	15	16	17	18	19	20
21	22	23	24	25	26	27
28	29	30				

october

s	m	t	w	t	f	s
			1	2	3	4
5	6	7	8	9	10	11
12	13	14	15	16	17	18
19	20	21	22	23	24	25
26	27	28	29	30	31	

november

s	m	t	w	t	f	s
						1
2	3	4	5	6	7	8
9	10	11	12	13	14	15
16	17	18	19	20	21	22
23	24	25	26	27	28	29
30						

december

s	m	t	w	t	f	s
	1	2	3	4	5	6
7	8	9	10	11	12	13
14	15	16	17	18	19	20
21	22	23	24	25	26	27
28	29	30	31			

name	address - phone

name	address - phone

Miracle

www.annegeddes.com www.celinedion.com

Celine Dion appears courtesy of Sony Music International

First published in 2004 by Photogenique Publishers
(a division of Hodder Moa Beckett)
4 Whetu Place, Mairangi Bay
Auckland, New Zealand

This edition published in North America in 2004
by Andrews McMeel Publishing
4520 Main Street, Kansas City, MO 64111-7701

Printed in China by Midas Printing Ltd, Hong Kong

Executive Producers Kel Geddes and Murray Thom.

All Jewish holidays begin at sundown the previous day.

ISBN 0-7407-4625-1

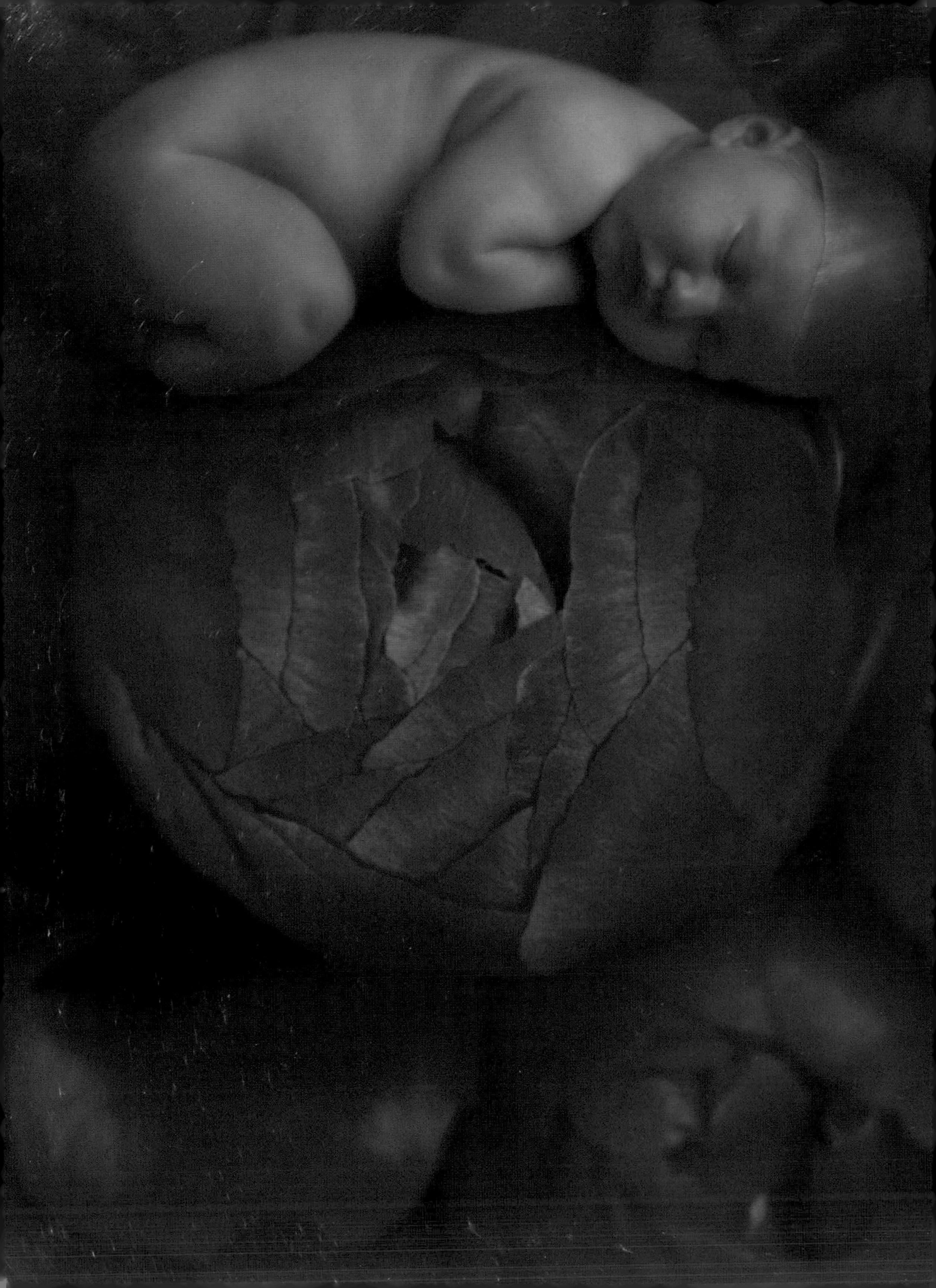